BEI GRIN MACHT SICH IHR WISSEN BEZAHLT

- Wir veröffentlichen Ihre Hausarbeit, Bachelor- und Masterarbeit

- Ihr eigenes eBook und Buch - weltweit in allen wichtigen Shops

- Verdienen Sie an jedem Verkauf

Jetzt bei www.GRIN.com hochladen und kostenlos publizieren

Bibliografische Information der Deutschen Nationalbibliothek:

Die Deutsche Bibliothek verzeichnet diese Publikation in der Deutschen Nationalbibliografie; detaillierte bibliografische Daten sind im Internet über http://dnb.d-nb.de/ abrufbar.

Dieses Werk sowie alle darin enthaltenen einzelnen Beiträge und Abbildungen sind urheberrechtlich geschützt. Jede Verwertung, die nicht ausdrücklich vom Urheberrechtsschutz zugelassen ist, bedarf der vorherigen Zustimmung des Verlages. Das gilt insbesondere für Vervielfältigungen, Bearbeitungen, Übersetzungen, Mikroverfilmungen, Auswertungen durch Datenbanken und für die Einspeicherung und Verarbeitung in elektronische Systeme. Alle Rechte, auch die des auszugsweisen Nachdrucks, der fotomechanischen Wiedergabe (einschließlich Mikrokopie) sowie der Auswertung durch Datenbanken oder ähnliche Einrichtungen, vorbehalten.

Impressum:

Copyright © 2018 GRIN Verlag
Druck und Bindung: Books on Demand GmbH, Norderstedt Germany
ISBN: 9783346112125

Dieses Buch bei GRIN:

https://www.grin.com/document/519983

K. S.

Loveparade 2010. Der Weg ins Chaos

Wie kam es trotz durchdachter Projektplanung beim "Fest der Liebe" zu erheblichen Planabweichungen?

GRIN Verlag

GRIN - Your knowledge has value

Der GRIN Verlag publiziert seit 1998 wissenschaftliche Arbeiten von Studenten, Hochschullehrern und anderen Akademikern als eBook und gedrucktes Buch. Die Verlagswebsite www.grin.com ist die ideale Plattform zur Veröffentlichung von Hausarbeiten, Abschlussarbeiten, wissenschaftlichen Aufsätzen, Dissertationen und Fachbüchern.

Besuchen Sie uns im Internet:

http://www.grin.com/

http://www.facebook.com/grincom

http://www.twitter.com/grin_com

Loveparade 2010 – Der Weg ins Chaos
Wie kam es trotz durchdachter Projektplanung beim 'Fest der Liebe' zu erheblichen Planabweichungen?

Hausarbeit an der FH Bielefeld – University of Applied Sciences
Fachbereich Sozialwesen

vorgelegt von

K.S.
Master-Studiengang Angewandte Sozialwissenschaften

im Sommersemester 2018

Seminartitel: Projektmanagement

Inhaltsverzeichnis

1. EINLEITUNG ... 3
2. DEFINITIONEN ... 4
   - 2.1. WAS IST EIN PROJEKT? ... 4
   - 2.2. WAS IST PROJEKTMANAGEMENT? ... 6
3. GRUNDLAGEN DES PROJEKTMANAGEMENTS ... 7
   - 3.1. PROJEKTZIELE ... 7
   - 3.2. PROJEKTSTRUKTUR ... 10
   - 3.3. ERFOLGSFAKTOREN ... 13
   - 3.4. PROJEKTRISIKEN ... 15
   - 3.5. PROJEKTABSCHLUSS ... 18
4. DIE DUISBURGER LOVEPARADE 2010 ... 19
   - 4.1. GROBKONZEPT DER VERANSTALTUNG ... 21
   - 4.2. SICHERHEITSKONZEPT DER VERANSTALTUNG ... 22
5. DAS SCHEITERN DER LOVEPARADE ... 23
6. HANDLUNGSEMPFEHLUNG ... 26
7. FAZIT ... 29
8. LITERATUR- UND QUELLENVERZEICHNIS ... 30

1. Einleitung

„Aber mit solch einem Ereignis... da waren wir nicht drauf vorbereitet" - Notarzt der Loveparade (Spiegel TV Magazin b 2011: 4.19m in-4.23m in).
Das Zitat spiegelt die Organisation der Loveparade 2010 in Duisburg wider. Die Veranstaltung erlitt gravierende Planabweichungen, sodass das Projekt Loveparade 2010 nicht erfolgreich abgeschlossen werden konnte und Menschen sogar trotz durchdachter Planung sterben mussten. Die Loveparade ist ein großes elektronisches Festival, welches wohl jede*r Bürger*in kennt. Es steht für Liebe und kann daher als ‚Das Fest der Liebe' betitelt werden. Eine eigentlich friedlich geplante Veranstaltung wich aufgrund von hohen Besucherzahlen und einem dazu nicht angepassten Konzept so vom Plan ab, dass ein friedliches Fest eher in einer Katastrophe endete.
Da sich Projekterfolge im Allgemeinen in den letzten Jahren von 1994 bis 2012 fast durchgehend steigerten, ist es um so spannender, zu analysieren, warum es bei dem Projekt Loveparade nicht so war. 1994 waren lediglich 16 Prozent aller Projekte erfolgreich, 53 Prozent wurden mit Abweichungen abgeschlossen und 31 Prozent sind gescheitert. Bis 2012 hat sich die Zahl der Projekterfolge auf 39 Prozent gesteigert, abweichende Projekte und gescheiterte Projekte haben mit jeweils 43 Prozent und 18 Prozent deutlich abgenommen (vgl. Alam / Gühl 2016: 3). Die Tatsache, dass die Veranstaltung lediglich nicht nur vom Ablauf her gescheitert ist, sondern in Folge dessen auch Opfer in Form von Toten und Verletzten mit sich brachte, macht die Beobachtung des Projekts ebenfalls interessant, da diesem vor allem in den Medien erhebliche Beobachtung geschenkt wurde.
Um nun zu schauen, wie die vorgefallenen Ereignisse bei der Loveparade 2010 mit dem Projektmanagement und der zugehörigen Planung zusammenhängen, beschäftigt sich diese Arbeit mit der Frage, wie es trotz genauer Planung zu diesem Unglück kommen konnte, ob das tragische Ende hätte verhindert werden können und wie ein erfolgreicher Ablauf schließlich hätte geschehen können aufbauend auf den Grundlagen des Projektmanagements.
Im ersten Kapitel des Hauptteils werden zur Einführung Definitionen gegeben, die die Begriffe des Projekts und des Projektmanagements beschreiben, um für ein klares Verständnis dieser und auch der Arbeit garantieren zu können. Im anschließenden Kapitel werden die Grundlagen des Projektmanagements erörtert, welche in dieser Arbeit die Projektziele, die Projektstruktur, die Erfolgsfaktoren, die Projektrisiken und den Projektabschluss implizieren. Angesichts der Komplexität der

Grundlagen des Projektmanagements werden in dieser Arbeit lediglich diejenigen behandelt, die zu dieser Thematik am besten passen. Dieser Teil ist deskriptiv aufgebaut, um die Grundlagen vom Projektmanagement unabhängig von der Loveparade aufzuzeigen und so besser darstellen zu können, da die Loveparade durch ihre Struktur ein eher außergewöhnliches Projekt darstellt. Die folgenden analytischen Kapitel enthalten die Beschreibung und den Ablauf der Loveparade 2010, wie auch das Grobkonzept und das Sicherheitskonzept, welche nach dem Unglück im Internet veröffentlicht wurden. Anschließend kann über das Scheitern und die zugehörigen Faktoren ausgiebig diskutiert werden. In einer darauffolgenden Handlungsempfehlung werden die Punkte genannt, welche primär zum Misslingen beigetragen haben und mitmöglichen Verbesserungen dargestellt, die einen Projekterfolg für solch eine Veranstaltung steigern können. Das Fazit schließt die Hausarbeit, indem es alle wichtigen Aspekte und Faktoren zusammenfasst und die Frage klärt, ob das Unglück der Loveparade 2010 hätte verhindert werden können.

2. Definitionen

Das Durchführen von Projekten hat in den letzten Jahren stetig zugenommen (vgl. Olfert 2010: 13). Um nun über sie schreiben zu können, ist es von hoher Wichtigkeit, sich in diesem Kapitel vorerst den Definitionen von den Begriffen „Projekt" und „Projektmanagement" anzunehmen, um über Projekte ausführlich schreiben zu können.

2.1. Was ist ein Projekt?

Den Begriff des Projekts passend abzugrenzen ist schwierig, da das Problem der Abgrenzbarkeit besteht, was als Projekt benannt werden kann. Aus diesem Grund wurde die Bezeichnung der „Projektitis" erfunden, wo schon lediglich einfache Routinen als Projekt bezeichnet werden (vgl. Motzel/Möller 2017: 187). Ein Projekt ist ein bestimmtes und abgegrenztes Vorhaben mit dem Ziel, bestimmte zuvor definierte Problemlösungen zu erreichen (vgl. Dobslaw 2017: 3). Laut der Normenreihe DIN 69901[1] ist ein Projekt ein „Vorhaben, [das] im Wesentlichen durch die Einmaligkeit der Bedingungen in ihrer Gesamtheit gekennzeichnet [ist]" und den Blick auf die Zielvorgabe mit zeitlichen, finanziellen und personellen

---
[1] DIN 69901: Deutsches Institut für Normung e.V., das die Normenreihe der Projektwirtschaft beschreibt (vgl. Motzel/Möller 2017: 9).

Begrenzungen richtet (vgl. Olfert 2010: 13). Somit werden definierte Arbeitsergebnisse durch geklärte Anforderungen und Rahmenbedingungen erzielt (vgl. Motzel/Möller 2017: 187), um „eine Innovation über eine Sonderorganisation auf Zeit zu erreichen" (Dobslaw 2017: 4). Auszeichnen tut sich ein Projekt durch die Einmaligkeit, das Erreichen eines festgelegten Ziels, die zeitliche Begrenzung mit jeweiligem Start und Ende, die zur Verfügungen stehenden Geldmittel, die Abgrenzung von anderen Projekten, wie auch die Personen aus verschiedenen Fachrichtungen (vgl. Peipe 2007: 15). Durch diese unterschiedlichen Fachkräfte entsteht eine klare Aufgabenverteilung jeder einzelnen Fachrichtung, eine neue Herausforderung für jeden Beteiligten und eine Komplexität an Aufgaben (vgl. Motzel/Möller 2017: 187). Diese Komplexität an Aufgaben stellt ebenso ein Kriterium für ein Projekt dar, da ein gewisser Grad an Komplexität, wie auch Aufmerksamkeit vorhanden sein muss, damit etwas als Projekt betitelt werden darf. Ebenso sollte es einen Systemcharakter mit Innen- und Außengrenzen aufweisen und ein Zielmit einem zu erwartendem Ergebnis beinhalten. Aus diesen Gründen ist ein Projekt auch oftm als in ein strategisches Vorhaben impliziert (vgl. Dobslaw 2017: 4f).

Die gründliche Planung eines Projekts ist unabdingbar und trägt wesentlich zum Erfolg dieses Projekts bei. Wichtige Planungsinstrumente können hierbei helfen, nicht den Überblick zu verlieren und das Projekt strukturiert zu planen und durchzuführen. So wird sich beispielsweise gefragt, wozu das Projekt dienen soll. Hierbei führt die Zielstruktur Zweck und Motive für dieses Projekt auf, um diese Frage beantworten zu können. Ebenso erklärt der sogenannte Projektstrukturplan die Frage des „Was?" und gibt Informationen zu der Qualität und Quantität einzelner Schritte und Aufgaben. Weitere Instrumente wie die Handlungsstruktur, die Projektorganisation oder die Kostenstruktur geben ebenso Antworten auf die Fragen „Wann und Wie?" „Wer?" und „Wie viel?", um der Struktur zu verhelfen (vgl. Dobslaw 2017: 10f). An der Durchführung dieser einzelnen Punkte beteiligen sich verschiedene Beteiligte, welche an dem Projekt mitwirken. Die üblichen Teilnehmenden sind: Auftraggeber*in, ein Lenkungsteam und Projektleiter*in. In manchen Fällen gibt es noch eine*n Teilprojektleiter*in (vgl. Kosel/Weißenrieder 2007: 34). Unter diesen Beteiligten befinden Auftragnehmer*in und Auftraggeber*in, die auch Owner genannt werden können und für die Durchführung (Auftragnehmer) und Beauftragung (Auftraggeber) zuständig sind (vgl. Versteegen 2005: 1).

Die verschiedenen Projekte unterscheiden sich in Punkten wie beispielsweise Auslöser, Ziele, Organisation, Projektdauer und -kosten oder der Größe des Projekts (vgl. Froschauer 2015: 28). Aufgrund dieser Komplexität an Projekten können diese in drei Arten unterteilt werden: Forschungs- und Entwicklungsprojekte (zum Beispiel von einem Medizinprodukt), Organisationsprojekte (beispielweise Planung und Durchführung von Messeauftritten) und die Entstehung von Gebäuden, sogenannten Investitionsprojekten (vgl. Peipe 2007: 17f). Doch auch so sehr sich ein Projekt von einem anderen Projekt unterscheiden kann, sind sie immer in die gleichen Prozesse gegliedert: Phase eins betrifft die Projektvorbereitung, in der zweiten Phase wird ein Projektdesign erstellt, woraufhin in der dritten Phase die Projektplanung erfolgt. In den darauffolgenden Phasen kommen die Projektauslösung und die Projektdurchführung zum Zuge. Schließlich erfolgt in Phase sechs der Abschluss des Projektes (vgl. Olfert 2010: 22), wessen Management genauso von Bedeutung ist, wie Start und Durchführung des Projektes.

2.2. Was ist Projektmanagement?

Ein Projekt ohne durchdachtes Management in allen Phasen kann nicht erfolgreich durchgeführt werden. Daher ist auch der Begriff des Projektmanagements zu definieren.

Doch auch wie bei der Bedeutung des Projekts ist für das Projektmanagement keine eindeutige Definition vorhanden, welche diesen Begriff beschreiben könnte (vgl. Motzel/Möller 2017: 202). Generell kann aber gesagt werden, dass der Begriff Projektmanagement „die Gesamtheit der Führungsaufgaben, -organisation, -technik und -mittel für die Abwicklung eines Projekts" (Korein ann 2002: 11) steht. Das Management eines Projekts ist ein Führungssystem, welches durch Planungs-, Steuerungs- und Kontrollinstrumente sicherstellt, dass richtige Projekt gewählt und produktiv bearbeitet werden. Hierbei ist allerdings zu beachten, dass Instrumente und Methoden jeweils nur reine Hilfsmittel sind und nicht das Projektmanagement selbst darstellen, da es mit weitaus mehr Aufgaben und Verantwortung verbunden ist. Somit ist Projektmanagement ein „ganzheitliches Führungssystem zur professionellen Abwicklung von Projekten, also für Aufgaben, für deren Erledigungen die betrieblichen Routinen nicht ausreichen" (Kosel/Weißenrieder 2007: 22) und nimmt die gesamte Verantwortung, wie auch Koordination und Steuerung für jenes Projekt wahr (vgl. Schumann o.J.: 4). Die Planung der Ziele, der Anforderungen und der Überwachung gehören ebenso zu den Aufgaben, welche beidem

Anwenden von Wissen und Fertigkeiten für das Erfüllen der Projektanforderungen durchgeführt werden. Somit ist das Projektmanagement eine Gesamtheit der Grundsätze, Maßnahmen und Einrichtungen, welche zum Optimum für Effektivität und Effizienz beitragen und als eine Führungs- und Organisationsform verstanden wird (vgl. Motzel/Möller 2017: 203).

Es kann nun festgehalten werden, dass das Projektmanagement das Ziel verfolgt, „von der ersten Idee bis zum Abschluss des Projektes aus Sicht des Auftraggebers führbar zu gestalten und die Wahrscheinlichkeit für den Projekterfolg so hoch wie möglich zu halten" (Führer/Züger 2013: 12).

3. Grundlagen des Projektmanagements

Im Folgenden werden nun die wichtigsten Grundlagen des Projektmanagements aufgeführt, die zu einem erfolgreichen Abschluss eines Projektes beitragen.

3.1. Projektziele

Beginnend mit dem Projektziel ist zu erwähnen, dass das klar definierte Ziel eines Projektes eine wesentliche Rolle in der Planung spielt. Ziele in einem Projekt sind erwünschte zukünftige Zustände, in denen die Aspekte festgelegt werden, welche bei der Projektlösung verfolgt werden (vgl. Olfert 2010: 17). Ein Projekt verfolgt hauptsächlich drei Ziele, die in einem sogenannten magischen Dreieck dargestellt werden. Die Ziele Zeit, Kosten und Qualität stehen in enger Verbindung zueinander und beeinflussen sich bei geringsten Veränderungen gegenseitig. Ebenso stehen diese Ziele jedoch auch in einer Art Zielkonkurrenz (vgl. Froschauer 2015: 26f). So verursacht eine gute Qualität von Produkten beispielsweise höhere Kosten, welche eigentlich in einem Projekt eingespart werden sollen. Auch das Einhalten von Terminen kann Kosten steigern, da zum Beispiel mehr Mitarbeiter benötigt werden, um eine Aufgabe fristgerecht erledigen zu können.

Abb 1: Froschauer 2015: 26

Generell ist bei den Zielen allerdings zu versuchen, einen Zielkonflikt zu vermeiden, da dieser Auswirkungen auf den Verlauf des Projekts haben könnte. Zielkonflikte entstehen, wenn einzelne Ziele in Konkurrenz zueinanderstehen und nicht miteinander vereinbar sind. Weitere grundlegende Ziele eines Projektes sind die Einhaltung des ökonomischen Prinzips (Nutzen- oder Gewinnmaximierung), eine konsequente Kundenfokussierung (nach dem Motto „der Kunde ist König"), eine systematische Prozessorientierung (die Struktur eines Projektes ist von hoher Bedeutung) und die Schonung der Umwelt (vgl. Olfert 2010: 18). Allgemein ergibt das oberste ernannte Ziel des Projekts die Gesamtheit aller Einzelziele, welche alle wesentlichen Aspekte des Projekts beinhalten (vgl. Motzel/Möller 2017: 23). Sie dienen der Koordination, Steuerung, Motivation, Lösungssuche, Entscheidungsfindung und Erfolgskontrolle eines Projekts (vgl. Führer/Züger 2012: 38) und gelten beispielweise als Prioritäten, Grundlage, Maßstab von Ergebniskontrolle und Leistungsbewertung oder Orientierung (vgl. Dobslaw 2017: 63). Ein weiteres Kriterium ist das Vorhandensein von SMARTen Zielen, was bedeutet, dass sie im besten Falle spezifisch, messbar, aktuell, realistisch und terminiert sind. Die SMARTen Ziele fassen somit alle Merkmale für die Ziele eines Projekts in einem Wort zusammen und erklären kurz und knapp, worauf beim Erstellen von Zielen geachtet werden muss.

Zudem dienen Ziele vor Allem der Motivation, müssen hierfür jedoch auch unter allen Umständen realistisch und erreichbar sein. Ziele an sich können aufgrund ihrer Verschiedenheit an Gewichtung und Bedeutung in Zielausrichtung, Zielinhalt und Zielkategorie unterschieden werden. In der Zielausrichtung gibt es Ergebnis- oder Arbeitsziele, folglich Gesamtziele oder Ziele einzelner Arbeitsschritte, welche einen eher geringeren zu erreichenden Stellenwert besitzen. Bei dem Zielinhalt gibt es einerseits qualitative Ziele, die keine Zahlen verfolgen, sondern beispielweise ein besseres Betriebsklima und andererseits quantitative Ziele, die zum Beispiel auf Kostenminimierung abzielen. Die Zielkategorie wird letztendlich in strategische Ziele (langfristig über vier bis fünf Jahre), taktische Ziele (mittelfristig über ein bis vier oder fünf Jahre) und operative Ziele (kurzfristig bis zu einem Jahr) gegliedert und gibt somit die Dauerhaftigkeit vom Verfolgen und Erlangen gewünschter Zustände an.

Da der Ablauf für das Projekt veränderbar ist, sollte eine Rangfolge der Ziele erstellt werden. So wird beispielweise oberste Priorität auf das Halten der Kosten gelegt, wobei der Endtermin notfalls geändert werden könnte (vgl. Peipe 2015:

44). Aus diesem Grund gibt es Ziele, die von Anfang an festgelegt sind und in jedem Fall erreicht werden sollen, während andere flexibler sind und im Notfall verschoben oder um geändert werden können. Daher ist es unabdingbar, sich genügend Zeit für die Erstellung der Ziele zu nehmen, bei welcher eine Checkliste große Hilfe leisten kann, da anhand dieser im weiteren Verlauf immer Prüfungen bezüglich der Ziele vorgenommen werden können (vgl. Peipe 2015: 45). Anhand der Wichtigkeit der Erstellung kann es auch zu erheblichen Schwierigkeiten bei der Formulierung der Zielvorgabe kommen, wohingegen das Festlegen der Aufgaben in der Regel weniger problematisch verläuft (vgl. Olfert 2010: 17). Für diesen Zielfindungsprozess werden zwei unterschiedliche Verfahren genannt: Im intuitiven Prozess sind Kreativitätstechniken wie Brainstorming oder das Erstellen einer Mind-Map von hoher Bedeutung, da so die Projektziele erschlossen, strukturiert und bewertet werden. In einem eher diskursiven Prozess werden vorerst alle Informationen agglomeriert und strukturiert, woraufhin sie anschließend kombiniert, bewertet und die wichtigsten für das Projekt verwendet werden. Hier wird ebenso geprüft, ob sie miteinander kongruieren oder eher nicht (vgl. Peipe 2015: 43). In diesem Definitionsprozess von Zielen werden sie somit zuerst sowohl ermittelt und analysiert, anschließend klassifiziert, operationalisiert, als auch gewichtet. In den letzten Schritten des Prozesses wird ein Zielentscheid herbeigeführt, um die entstandenen Ziele abschließend zu kommunizieren (vgl. Führer/ Züger 2013: 38). Während der Analyse wird der Frage nachgegangen, ob es wirklich ein Ziel ist, was definiert wurde, ob genügend Bezug zum Projekt besteht oder ob redundante Ziele vorliegen. Außerdem sind die Fragen nach eventuell bestehende Zielkonflikten und ob es sich um ein Muss- oder Kann-Ziel handelt, wichtig zu erforschen (vgl. Führer/ Züger 2013: 39ff). Anschließend wird ein Projektzielkatalog erstellt, um alle Ziele vollständig zu dokumentieren (vgl. Peipe 2015: 43). Ebenso wichtig bei der Definition ist die Formulierung der einzelnen Ziele. So ist Zielsetzung der „Steigerung der Mitarbeite/-innenzufriedenheit" durch die Ungenauigkeit zu ungenügend definiert und daher ein Negativbeispiel, weshalb die richtige Formulierung „Ein Konzept zur Messung und Steigerung der Mitarbeiter/-innenzufriedenheit ist bis 11.2002 erarbeitet" (Dobslaw 2017: 64) heißen würde und ein Positivbeispiel darstellt.

Abschließend ist zu konstatieren, dass Projekte im Allgemeinen sehr viele Ziele verfolgen. Hier ist aber auch zu betonen, dass es auf die Art des Projekts ankommt, da jedes Projekt andere Ziele bestimmt und die Gewichtung der jeweiligen Projekte

9

immer unterschiedlich ist. Zudem ist der Definitionsprozess, wie auch die Formulierung der Zielsetzung genau zu durchdenken.

3.2. Projektstruktur

Auch die Struktur des Projekts darf nicht unterschätzt werden. Die Projektstruktur beschreibt die „[s]ystematische Gliederung der im Projekt zu erbringenden Lieferungen und Leistungen sowie weiterer wesentlicher Aspekte und Parameter der Projektplanung, -überwachung und -steuerung in Form einer Struktur aus Elementen und deren Beziehungen" (Motzel/Möller 2017: 228). Kurz gesagt gibt die Projektstruktur Auskunft über den Ablauf und alle wichtigen Aufgaben und Faktoren, welche das Projekt betreffen. Um ein Projekt strukturiert durchzuführen, wird es in vier Phasen gegliedert. In der ersten Phase wird das Projekt definiert, wo Ziele, Auswirkungen, Kosten und die Wirtschaftlichkeit Hauptaugenmerke darstellen und analysiert werden. Die Planungsphase wird anschließend als die eigentliche Projektarbeit angesehen, in welcher die Auftrags- und Zielklärung durchgeführt, ein Pflichtenheft erstellt und eine Grobplanung des Projekts aufgestellt wird. Die dritte Phase beschäftigt sich in der Realisierungsphase mit der Umsetzung der Pläne, der Kosten-, Termin- und Leistungskontrolle, wie auch mit den Meilensteinberichten. In dieser Phase wird das Projekt durchgeführt. In der beendenden Abschlussphase findet letztendliche die Projektauswertung statt. Die Betriebsphase gibt die Verantwortung nun an den Auftraggeber weiter (vgl. Kosel/Weißenrieder 2007: 30f).

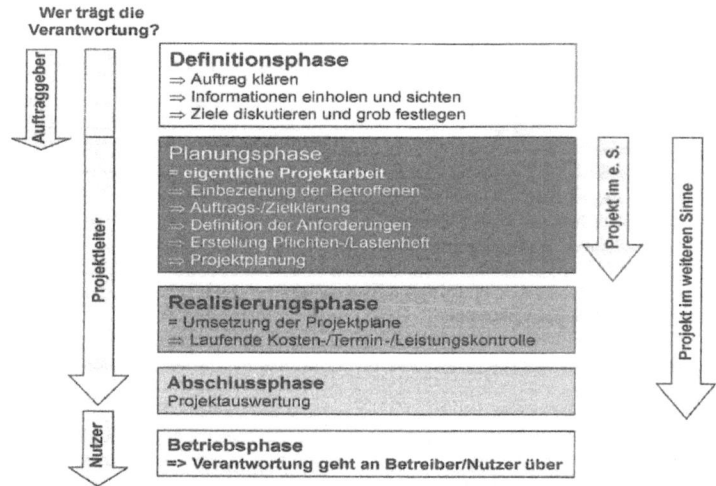

Abb. 2: Kosel/Weißenrieder 2007: 30

Noch vor Anfang des Projekts bildet die Kick-off Veranstaltung den ersten Schritt der praktischen Umsetzung des Vorhabens. Bei diesem Termin stellen sich alle Teilnehmer, welche an dem Projekt beteiligt sind, vor und es werden die Projektziele festgesetzt, ebenso wird ein Ablaufplan für das gesamte Projekt erstellt. In dem folgenden Projektstart fließt die Bestimmung der Grundlagen für den Projekterfolg mit ein, wo ein gemeinsames Problemverständnis, die Teammotivation und die Teambildung erarbeitet werden. Dieser Schritt ist obligatorisch, da sich alle Aspekte gegenseitig beeinflussen und für einen reibungslosen Ablauf, bis hin zu einem erfolgreich abgeschlossenen Projekt von Wichtigkeit sind (vgl. Dobslaw 2017: 58 f). Ein weiterer unabdingbarer Punkt ist die Terminplanung, die der Festlegung des Verlaufs dient und die Dauer für einzelne Tätigkeiten einschätzt (vgl. Dobslaw 2017: 104). Eine Methode für die Planung der Termine kann eine einfache Terminliste sein, welche eine Auflistung aller Tätigkeiten und die Dauer und Termine dafür enthält (vgl. Dobslaw 2017: 107). Die andere Methode, auch Balkendiagramm oder Gant-Diagramm genannt, visualisiert die einzelnen Tätigkeiten in Form von Balken, wo die Vorgänge vorwiegend weniger zusammenhängen (vgl. Dobslaw 2017: 108). Aufgrund der Genauigkeit des Projekts und der sich gegenseitig beeinflussenden Aufgaben und Aktivitäten in Projekten ist eine gute Zeiteinschätzung von hoher Wichtigkeit (vgl. Dobslaw 2017: 112), da sich sonst der ganze Terminplan verschieben kann.

Der Projektstrukturplan fragt ab, welche Aufgaben zu bearbeiten sind und welche Aufgaben inhaltlich zusammengehören, er beantwortet somit die Frage, was in einem Projekt zu tun ist (vgl. Dobslaw 2017: 94). Er ist Teil der Projektplanung und eine Durchführung des Projektes ist ohne einen strukturierten Projektstrukturplan unmöglich. Sein Ziel ist die gesamtheitliche und übersichtliche Darlegung des Projektes, die Feststellung von Unklarheiten, die Trennung einzelner Aufgaben voneinander, wie auch ein gemeinsames Projektverständnis aller Beteiligten zu finden und die Grundlage für die nächsten Schritte festzustellen. Die Darstellung des Projektstrukturplans erfolgt grafisch. Laut der DIN 69901-5:2009 beschreibt er die „vollständige, hierarchische Darstellung aller Elemente (Teilprojekte, Arbeitspakete) der Projektstruktur als Diagramm oder Liste" (Peipe 2015: 66) und stellt das Ergebnis der Projektstrukturierung dar (vgl. Motzel/Möller 2017: 230). Während der Strukturplan zur Kontrolle für Vollständigkeit, als Grundlage für viele Faktoren (beispielsweise Terminplanung, Kostenstruktur, Zuweisung von Aufgaben) und als Basis für Dokumentationen und die Risikoanalyse dient (vgl. Dobslaw

2017: 95), enthält er ebenfalls die Ziele des Projekts, das Projektresultat, die Vorgehensmethodik, ebenso die Ablauf- und Terminplanung, Einsatzmittelplanung und die Kostenplanung, welche sich gegenseitig beeinflussen (vgl. Führer/ Züger 2013: 75).

Um diese Punkte wie Termine planen, Kosten kalkulieren oder die Durchführung von Kontrollen besser und übersichtlicher zu gestalten, wird der Projektstrukturplan meistens in einer Listenform oder einer hierarchischen Baumstruktur angelegt (vgl. Motzel/ Möller 2017: 230f).

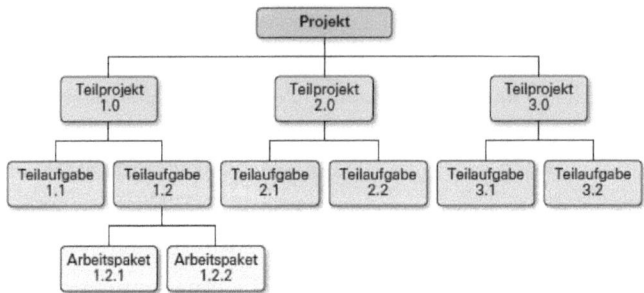

Abb.3: Führer/ Züger 2013: 76

Für die Planung dieser Übersicht wird beispielshalber eine Mind-Map angelegt oder die Karteikarten-Technik angewandt, bei der die Karten den passenden Teilaufgaben zugeordnet werden (vgl. Dobslaw 2017: 97). Auch bei der Gliederung für den Projektstrukturplan gibt es vier bekannte Prinzipien, welche den Plan nach Objekten, Funktionen oder Phasen gliedern. Das vierte Prinzip ist eine gemischte Gliederung, welche alle Prinzipien inkludiert. So kann der Strukturplan zum Beispiel nach Objekten ordnen, in denen alle Objekte aufgelistet werden, welche im Rahmen der Durchführung bearbeitet müssen (vgl. Führer/ Züger 2013: 77ff). Bei einer Großveranstaltung könnte ein Schritt der Abriss von Gebäuden sein, welche auf dem Gelände platziert und nicht mehr in Besitz oder Betrieb sind. Des Weiteren existieren vier unterschiedliche Arten von Projektstrukturplänen. Der objektorientierte Plan arbeitet ergebnis- oder erzeugnisorientiert, der funktionsorientierte Strukturplan strukturiert nach Tätigkeiten oder Verrichtungen, währenddessen sich der phasenorientierten Plan am Phasenmodell oder einer Timeline orientiert. Letztendlich ist auch hier ein gemischtorientierter Projektstrukturplan möglich, der mehrere Gliederungen enthält (vgl. Peipe 2015: 67).

Für die Erarbeitung des Plans werden die Gesamtaufgaben in Teilaufgaben und weiterhin in Arbeitspakete zerlegt, bis es keinen Sinn mehr ergibt (siehe Abbildung 3) (vgl. Führer/ Züger 2013: 75). Letztere Arbeitspakete sind die Beschreibungen von Aufgaben, welche über allgemeine Informationen zum Projekt und Paket, zu den Zielen, zum Ergebnis, zu den Schnittstellen, den Aktivitäten und Terminen, als auch über Voraussetzungen oder Restriktionen und einen Anhang verfügen. Die nun detailliert notierten Arbeitspakete gelten letztendlich als Baustein für folgende Planung und Arbeitsaufträge für die Mitarbeiter (vgl. Führer/Züger 2013: 81). Dadurch, dass jedes Arbeitspaket andere Aufträge und Aufgaben beinhaltet, ist eine klare Abgrenzung zwischen diesen unentbehrlich. Aus diesem Grund werden sie in der Regel it Nummern für die Übersichtlichkeit und Identifizierung versehen (vgl. Peipe 2015: 70). Zudem ist bei der Erstellung des Projektstrukturplans die Beachtung von Pufferzeiten von Wichtigkeit, welche bei Verzögerungen von bestimmten Vorgängen von Nöten sein können, damit sie keine Auswirkungen auf die folgenden Schritte und den Endtermin ausüben. Wenn jedoch keine Pufferzeiten eingeplant sind und ein Arbeitspaket über den am spätmöglichsten Termin hinausgeht und somit alle folgenden Arbeitspakete verschiebt, entsteht der sogenannte ‚kritische Pfad' als Folge (vgl. Peters o.J.: 16). Um den kritischen Pfad zu vermeiden und das Projekt reibungslos, ohne Verspätungen, abschließen zu können, ist die Einplanung von Pufferzeiten von Nöten. Doch auch eine organisierte Projektstruktur, wie ein detailliert aufgestellter Projektstrukturplan sind wichtig für eine erfolgreiche Durchführung und Abschließung eines Projekts, damit für die gesamten Beteiligten zu jedem Zeitpunkt die Möglichkeit besteht, sich den Leitfaden und die zu erledigenden Aufgaben und Tätigkeiten anzuschauen.

3.3. Erfolgsfaktoren

Im Allgemeinen gibt es allerdings noch einige mehr Faktoren, welche berücksichtigt werden, um einen erfolgreichen Abschluss des Projekts zu steigern. Erfolgsfaktoren sind in Projektmanagement Vorgehensweisen und Situationen, welche den Erfolg eines Projekts wahrscheinlicher machen. Daher werden für jedes Projekt passende Kriterien identifiziert, analysiert und bewertet, die den Erfolg potenzieren. Wichtig ist jedoch auch hierbei verständliche und messbare Kriterien zu formulieren. Werden diese Erfolgsfaktoren letztendlich nicht eingehalten, führt dies schnell zu einem Misserfolg des betroffenen Projekts (vgl. Motzel/Möller 2017: 196).

Wichtige Erfolgsfaktoren, welche die Beteiligten betreffen, sind geschulte Mitarbeiter*innen, eine kompetente Projektleitung, ein kooperativer Führungsstil und Spaß und Begeisterung bei der Ausübung ihrer Tätigkeiten (vgl. Dobslaw 2017: 151). Auch Führer und Züger benennen wichtige Kriterien, die die Projektleitung, ein Top-Management, das Team, die Methodik, Kommunikation, Information und die Idee oder das Umfeld betreffen und hierm it ebenfalls wesentlich von dem Aufbau eines qualifizierten Teams abhängen (vgl. 2013: 16ff). Des Weiteren hängen Projekte stark von den Projektzielen, der Organisation und Projektführung, dem Werkzeugeinsatz, der Wirtschaftlichkeit und Qualität, wie auch von der Kommunikation unter den Beteiligten ab (vgl. Schumann o.J.: 8f). Demnach führt das Einbinden der Anwender*innen zu 15,9 Prozent zum Erfolg, die Unterstützung durch ein Top-Management zu 13,9 Prozent und klare Anforderungen zu 13 Prozent und bilden somit die drei wichtigsten Erfolgsfaktoren für die Autoren Alam und Gühl (vgl. 2016: 4). Die in den genannten Faktoren wichtige Unternehmenskultur besteht auch außerhalb der Projekte als wichtigster Faktor (vgl. Kosel/Weißenrieder 2007: 73), da die Unterstützung und Mitarbeit von außen obligatorisch ist.

Einer ausgiebigen Beschreibung der Erfolgsfaktoren nehmen sich Kosel und Weißenrieder an. Die Autorin und der Autor beschreiben die Faktoren anhand von vier Merkmalen. (1) Die *Projekteffektivität* stellt ein Auswählen richtiger Projekte dar, bei welchen die Konzentration auf nur wenige Projekte gerichtet wird (vgl. 2007: 72). In diesem Punkt gelten Projekt- und Vorhabenliste als ein unentbehrliches Instrument für die Erhöhung dieser Projekteffektivität. Eine Nutzen- und Aufwandsberechnung für das Erkennen der Relevanz eines Projekts, ebenso das unterscheiden zwischen wichtigen und unwichtigen Tätigkeiten ist von hoher Bedeutung (vgl. 2007: 84). (2) Zum Zweiten sind die *Projektbeteiligten* relevant, welche mit fachlicher und methodischer Kompetenz ausgezeichnet, ihre Aufgaben genauestens kennen und ein Rollenverständnis entwickeln können (vgl. 2007: 72f). Aufgrund dessen besteht die Aufgabe der Projektleitung darin, verantwortlich für die Klarheit der Ziele und des Auftrags zu sein und die Rahmenbedingungen zu schaffen. Um den Zielen noch mehr Klarheit zu verleihen, ist das Anfertigen von Meilensteinen für die Beteiligten ein wichtiges Instrument, da sie wichtige Aufgaben und Abschnitte hervorheben. Wie hier nun zu sehen ist, kann ein Projekt-Team nur mit einer sinnvollen Projektorganisation erfolgreich sein (vgl. 2007: 103). (3) Weiterhin nennen die beiden die *Projekteffizienz*. Erfolgreiche Projekte sind zielgerichtet und werden qualifiziert bearbeitet, bei welcher Projektmanagement-Instrumente und eine professionelle Anwendung wichtig sind (vgl. 2007: 73). Dadurch, dass Effizienzverluste jederzeit auftreten können, sind eine Projektskizze für Projektinformationen und ein Leitfaden für das Projekt von Vorteil. Ebenso ist der im vorherigen Kapitel beschriebene Projektstrukturplan obligatorisch und ein wesentlicher Baustein für eine effiziente Durchführung (vgl. 2007: 135). (4) Zuletzt wird die *Projektleitung* als Kriterium aufgeführt. Eine gute Projektleitung ist vor allem für schlechte Phasen von hoher Wichtigkeit (vgl. 2007: 73) und sorgt für einen klaren Auftrag und klare Ziele. Des Weiteren bindet die Leitung die Verantwortlichkeit der Beteiligten mit ein und stellt hierfür hochrangig qualifizierte Mitarbeiter*innen ein. Eine professionelle Projektleitung gibt außerdem regelmäßige Berichterstattung an das Team weiter und sorgt für ein gutes Klima und eine gute Stimmung untereinander (vgl. 2007: 173).

Alle oben genannten Erfolgsfaktoren hängen letztendlich zusammen und beeinflussen sich gegenseitig (vgl. Kosel/Weißenrieder 2007: 73). Dies ist beispielweise an einer kompetenten Projektleitung zu belegen, welche dadurch für die Effizienz und Effektivität in einem Projekt sorgen kann. Letztendlich ist ein Projekt erfolgreich, wenn der Abschluss in angedachter Zeit und Qualität, in dem geplanten Kostenrahmen und unter effizientem Ressourceneinsatz geschieht. Die Akzeptanz des Kunden ist dabei das wichtigste Kriterium (vgl. Dobslaw 2017: 28).

Anhand dieses Kapitels ist nun zu sehen, dass weitaus mehr Faktoren als ein fachkundiges Projektteam mit in einen erfolgreichen Abschluss einfließen. Dennoch bilden die Beteiligten den wichtigsten Erfolgsfaktor, da ohne sie auch andere elementare Merkmale wie die Zeit oder Kosten nicht eingehalten werden und so zu einem Misserfolg führen können. Nicht ausreichend qualifizierte Mitarbeiter*innen und Manager*innen bilden somit erhebliche Risikofaktoren für das betroffene Projekt.

3.4. Projektrisiken

Die oben genannten Risiken bestehen in jedem Projekt, weshalb ein Planen von vorbeugenden oder korrigierenden Maßnahmen unvermeidbar ist (vgl. Peipe 2015: 52). Risiken sind nicht zu verhindern und da alle Beteiligten im Projekt verantwortlich sind, ist vor allem Kommunikation elementar, um die Chance des Eintretens von Gefahren zu verringern (vgl. Dobslaw 2017: 78). Daher wird schon zu Beginn des Projekts eine Risikoanalyse aufgestellt, welche dem zufolge eine der ersten Aufgaben in der Planung ist (vgl. Meyer/Reher 2016: 49). Somit inkludiert die Vorbereitung des Projekts eine Ermittlung und die dazugehörige Analyse möglicher Probleme, eine Bestimmung von Alternativen und eine Erfolgseinschätzung des

Projekts, um Fehler vorzubeugen (vgl. Olfert 2010: 29). Es ist von hoher Bedeutung, „durch Planung, Auswahl und Vorbereitung von Maßnahmen Risiken rechtzeitig zu erkennen und sie zu beseitigen" (Peipe 2015: 52). Dies geschieht mittels präventiver und schadensverhindernder Maßnahmen oder korrektiver und schadensverhindernder Maßnahmen, wenn Risiken bereits eingetreten sind. Bei der Risikoanalyse werden mögliche Ursachen und Risiken aufgelistet, um abschätzen zu können, wann und wie wahrscheinlich die benannten Risiken eintreten (vgl. Peipe 2015: 52). Die Risikoanalyse wird im Rahmen des Risikomanagements durchgeführt, welches „für das systematische Vorgehen beim Erfassen und Bewerten von Risiken sowie den professionellen Umgang mit gefundenen Risiken" (Alam / Gühl 2016: 41) steht. Dessen wichtigste Priorität ist das Verhindern einer Krise und notfalls die Bewerkstelligung von Krisen durch einen zuvor aufgestellten Plan B (vgl. Alam / Gühl 2016: 41). Im Risikomanagement erfolgt vorerst das Erfassen der Risikoquelle, woraufhin eine Risikobewertung (niedrig, mittel, hoch) gegeben wird. Im letzten Schritt wird das Risiko beurteilt, wobei die Auswirkungen für das Projekt dargelegt werden (vgl. Dobslaw 2017: 76). Der Autor Koreimann gliedert die Bewertungen von Risiken in vier Kategorien. Sogenannte A-Risiken sind am ungefährlichsten und bedeuten eine geringe Eintrittswahrscheinlichkeit. B-Risiken besitzen zwar eine hohe Eintrittswahrscheinlichkeit, verursachen jedoch einen geringen Schaden. Gefährlich hingegen sind C-Risiken, welche neben einer hohen Eintrittswahrscheinlichkeit auch einen großen Schaden anrichten können. Aufgrund dessen sollten Projekte in diesem Fall nicht gestartet werden. Die D-Risiken sind ebenfalls nicht zu unterschätzen, da sie einerseits eine niedrige Eintrittswahrscheinlichkeit besitzen, der Schaden andererseits aber hoch sein kann (vgl. 2002: 21).

Bestimmte Risiken von Projektarten können beispielweise Geschäfts-, Produkt- oder Projektrisiken sein (vgl. Meyer/ Reher 2016: 146). Letztere stellen Risiken bei großen öffentlichen Veranstaltungen dar. Weitere Risiken kann zum Beispiel Termindruck sein, hohe Qualitäts- oder Sicherheitsanforderungen und unklare Zielvorstellungen oder Zielkonflikte (vgl. Koreimann 2002: 20f). Unklare Risiken sind jedoch noch immer am gefährlichsten (vgl. Alam / Gühl 2016: 43), da an dem Beispiel der Planungssicherheit zu sehen ist, dass die Beteiligten nie zu 100 Prozent wissen können, was eintreten wird. Ebenso sind Kostenexplosionen (Projekte oft teurer als geplant) und die Zusammenarbeit (ungleiches Ziel beeinträchtig Team –

arbeit) weitere Risiken (vgl. Litke et al. 2015: 33f). Weiterhin entstehen viele Risiken durch unrealistische Ziele, die nicht eingehalten werden können. Ein letztes großes Risiko stellt die Zeit dar, jedoch auch zu wenig Personal, was in Folge dessen oftmals in Zielkonflikte geraten kann (vgl. Peipe 2015: 53). Vor allem Zeit und Personal sind Faktoren, welche stark voneinander abhängen. Da mehr Personal höhere Kosten verursacht, steht dies im Konflikt mit den Kosteneinsparungen. Oftmals wird allerdings mehr Personal benötigt, um bestimmte Tätigkeiten innerhalb des gegebenen Zeitrahmens zu absolvieren.

Werden Risiken nicht rechtzeitig erkannt, entstehen somit Probleme und dies kann einen erheblichen Schaden anrichten. Ein Problem beschreibt eine Abweichung zwischen Ist-Zustand und Soll-Zustand. Mögliche Ursachen können hierfür in schlechten Lösungen liegen, welche von Anfang an unbefriedigend waren und während des Einsatzes immer schlechter werden. Diese gilt es zu erkennen und zu ersetzen. Des Weiteren können Änderungen von Grundlagen eine Ursache widerspiegeln, da sie auf Problemlösungen basieren, sodass neue nicht mehr möglich oder vorteilhaft sind. Außerdem können auch Neuerungen auslösend sein, durch welche bisher gute Problemlösungen zu schlechten werden (vgl. Olfert 2010: 29f). Anhand einer Problemanalyse werden die Ausprägungen eines Problems geprüft, indem die Projektdefinition, Abgrenzung, Wirkung, Ursachen und Lösungen genauer betrachtet werden (vgl. Olfert 2010: 34). Um diese Probleme zu erkennen, nennt Olfert unter anderem zwei Methoden der Problemermittlung, welche für die Arbeit von Relevanz sind. Die Schwachstellenanalyse stellt die Umkehrung des Ursache-Wirkungs-Prinzips dar und daher werden aus festgestellten Mängeln die Schwachstellen erkannt (vgl. 2010: 32). Bei der Checklistentechnik wird ein Prüflistenverfahren angewendet, wo Fragen, die oftmals aufkommende Probleme erkennen, beantwortet und somit Probleme herausgefunden werden (vgl. 2010: 34). Nach der Ermittlung werden Alternativen eruiert, welche beispielweise eine Quellenauswertung (Hinweis für die Ermittlung von Alternativen aus Artikeln oder Büchern) oder problembezogenen Aktivitäten (bestehen oft aus der Nutzung von Kreativitätstechniken) folgen (vgl. Olfert 2010: 38f). Die eruierten Lösungen müssen realisierbar sein, weshalb das Lösungsrisiko ausgewertet wird. Dies kann anhand einer Machbarkeitsanalyse erfolgen, welche eine Durchführungsstudie und einen Machbarkeitsnachweis für die erarbeitete Lösung oder Alternative beinhaltet. Auch eine Risikoanalyse stellt eine Möglichkeit dar, mögliche Risikoquellen zu ermitteln und gegebenenfalls weitere Gegenmaßnahmen zu bestimmen (vgl. Olfert 2010: 39ff).

Dieses Kapitel hat nun deutlich aufgeführt, dass auch mögliche Risiken genauestens beobachtet und behandelt werden müssen. Risiken können aufgrund vieler kleiner Unachtsamkeiten oder einer zu wenig durchdachten Planung entstehen und Probleme mit sich bringen, welche wiederum schnellstens analysiert und bearbeitet werden müssen, wenn sie auftreten. Für die Vermeidung oder Verminderung von Risiken ist der ständige Kontakt und das gleiche Interesse aller Mitarbeiter*innen von besonderer Bedeutung. Je besser diese Faktoren beachtet werden, desto geringer treten Probleme auf und Projekte können erfolgreich abgeschlossen werden.

3.5. Projektabschluss

Dieser Abschluss muss so eindeutig sein, wie es auch der Projektstart war (vgl. Dobslaw 2017: 140), weshalb für ein Projektende die Systematik genauso essentiell wie ein systematischer Projektstart ist (vgl. Peipe 2015: 129). Der Projektabschluss wird als Phase oder Prozess zum Ende eines Projekts verstanden (vgl. Motzel/Möller 2017: 188) und klärt offene Aufgaben, wie auch restliche Tätigkeiten. In dieser Phase wird zudem geprüft, ob die zu erwartenden Ziele erreicht wurden. Falls dem nicht so ist, werden Abweichungen eruiert und Verbesserungen für künftige Projekte vorgeschlagen (vgl. Peipe 2015: 129f). Dies geschieht innerhalb einer Abschlusssitzung, in welcher ebenfalls relevante Fragen thematisiert werden. So wird beispielweise danach gefragt, ob die Ziele erlangt wurden, ob der Kunde zufrieden mit dem Abschluss ist, was gut oder was schlecht gelaufen ist und ob die Beteiligten Konsequenzen aus den Erfahrungen ziehen können (vgl. Dobslaw 2017: 142). Vor allem die Projektleitung muss in der Endphase des Projekts eine gute Führung und Ordnung beweisen, da alle Beteiligten mit einem schnellen Ende beschäftigt sind und so ein erfolgreicher Abschluss gefährdet sein kann (vgl. Dobslaw 2017: 141).

Der Projektabschluss besteht aus drei Phasen: Projektübergabe an Auftraggeber*in, Abschluss des Projektcontrollings und die Evaluierung, nach dieser gilt das Projekt als beendet (vgl. Motzel/Möller 2017: 189). Die Dokumentation am Ende des Projekts kann von großem Vorteil sein, da sie dem Gedächtnis von dem Projekt dient (vgl. Dobslaw 2017: 144) und so alle wichtigen Ereignisse rekapituliert und notiert werden. Ebenso besteht in diesem Prozess die Möglichkeit zum Bewerten von Ergebnissen und der Durchführung, wie auch zum Aufstellen einer Handlungsempfehlung von Erfahrungen und Ergebnissen für neue Projekte (vgl. Peipe 2015: 129). Insofern wird ein Projektabschlussbericht erstellt, der Ergebnisse, Erfahrungen und Erkenntnisse enthält (vgl. Peipe 2015: 130). In dieser Abschlussarbeit wird eine Abschlusskontrolle durchgeführt, welche einen Vergleich mit den Vorgaben beinhaltet, Projektnachweise (Abnahmeprotokoll und Abschlussbericht) werden erstellt und letztendlich erfolgt die Projektauflösung, bei welcher die Mitarbeiter*innen anerkannt, Unterlagen archiviert und Sachmittel zurückgegeben werden (vgl. Olfert 2010: 22). Ist diese Evaluierung erfolgt, ist das Projekt abgeschlossen. Der Projektabschluss ist somit ein ebenso wichtiger Abschnitt im Projekt wie Start und Durchführung es sind, zumal die gewonnenen Erkenntnisse als grundlegendes Fundament für andere Projekte verwendet werden können. Auch wenn der Abschluss der letzte Schritt vor Beendigung des Projekts ist, ist dieser ebenfalls so konzentriert durchzuführen wie beispielsweise die Realisierungsphase.

4. Die Duisburger Loveparade 2010

„Der vermeintliche Ausweg wird zur Todesfalle"

(SpiegelTV Magazin 2011 c: 1.-06m in-1.09m in)

Die Duisburger Loveparade 2010 in Duisburg ist die wohlbekannteste öffentliche Veranstaltung in der deutschen Geschichte, welche solch erhebliche Planabweichungen erlitt und sogar Tote mit sich brachte. Einen erfolgreichen Projektabschluss erfuhr sie nicht. Sie wurde 1989 erstmals als kleine politische Veranstaltung ausgetragen, in Duisburg fand sie zum vierten Mal mit dem neuen Veranstalter statt (vgl. Voßschmidt 2016: 100). In den Jahren entwickelte sich das Ereignis zu einem der größten deutschen Festivals. Allerdings ist die Loveparade 2010 aufgrund ihrer Ereignisse ein „gutes Beispiel für den Zusammenhang von politischem Krisenmanagement, Wissen und Kommunikation" (Voßschmidt 2016: 99). In Folge dieses Festivals sind insgesamt 21 Menschen beim Versuch, die Veranstaltung zu verlassen, gestorben, es gab 541 Verletzte (vgl. Voßschmidt 2016: 99). Unter den Todesopfern waren 13 Frauen und acht Männer aus sieben Ländern, welche an massiven Brustkompressionen gestorben sind. Doch auch noch weit nach der Veranstaltung brachte sie Tote mit sich, da sechs der Überlebenden aufgrund des traumatischen Ereignisses Suizid begangen haben, eine Opferinitiative hat sich bis 2014 um 427 Betroffene und Hinterbliebene gesorgt (vgl. Ärzte Zeitung 2015).

Im Jahre 2009 und somit ein Jahr zuvor, wurde die Loveparade bereits wegen mangelnder Sicherheit abgesagt (vgl. Voßschmidt 2016: 100). Doch jegliche Warnungen wurden seitens der Beteiligten bezüglich der Loveparade in Duisburg 2010 überhört. Die Gefahr bestand darin, dass sich die kommenden Besucher*innen aus Osten und Westen vor einer Rampe, welche zu dem eigentlichen Gelände führt, nach einem Durchgangstunnel aus Richtung Osten und Westen treffen, um hoch auf das Veranstaltungsgelände zu gelangen, was gleichzeitig nicht nur der Eingang, sondern auch der Ausgang war (vgl. SpiegelTV Magazin 2011 b: 2.12min-2.24min).

Abb. 4: SpiegelTV Magazin 2011 b: 2.20min

Dies war eine Falle, vor welcher früh Warnungen ausgesprochen wurden. Auch ein Brandschutzexperte teilte bereits vor dem Festival mit, der Plan sei zu gefährlich (vgl. SpiegelTV Magazin 2011 a: 2.50min-2.53min). Der britische Panikforscher Keith Still betonte ebenfalls, er wäre nicht einmal theoretisch mit diesem Konzept möglich gewesen, die Veranstaltung ohne Unglück zu überstehen (vgl. haz 2013). Somit „mussten [die Menschen] sterben, weil Warnungen in den Wind geschlagen, Vorschriften missachtet wurden, womöglich Kosten gespart werden sollten" (vgl. SpiegelTV Magazin 2011d: 1.13min-1.22min).

Um genauestens verstehen zu können, wie es nun zu diesen erheblichen Planabweichungen kam, wird der Ablauf der Veranstaltung kurz erläutert. Bereits am Morgen des Festivals gab es erste Widersprüchlichkeiten: um 8.01 Uhr kam eine Nachricht, das Gelände sei noch nicht betriebssicher. Zwei Minuten später kam jedoch als Mail die Genehmigung für die Ausführung der Veranstaltung (vgl. SpiegelTV Magazin 2011 a: 2.05min-2.21min). Während die ersten Stunden ruhig und nach Plan abliefen, fielden Reporter*innen von SpiegelTV Magazin schon am späten Mittag auf, dass die Veranstaltung nicht planmäßig von statten ging (vgl. SpiegelTV Magazin 2011 a: 6.02min-6.11min), „bereits am frühen Nachmittag ist der

20

Andrang zu den Zugangsstraßen zur Loveparade enorm " (SpiegelTV Magazin 2011 a: 5.06m in-5.12m in). Da eine große Menschenmenge auf dem Weg zum Gelände des stillgelegten Güterbahnhofs war, haben die Einsatzkräfte die Besucher*innen schneller durch die Kontrollen gelassen, um einen noch größeren Stau in der Stadt zu verhindern (vgl. SpiegelTV Magazin 2011 b: 1.38m in-1.44m in). An dem Gelände angekommen, bildeten die Floats direkt am Eingang (Wagen mit DJs) einen Staufaktor. Sogenannte Pusher, Einsatzkräfte, welche die Gäste weiter auf das Gelände winken sollen, waren allerdings nicht vor Ort (vgl. Spiegel TV Magazin 2011 b: 4.25m in-5.02m in), sodass sich immer mehr Besucher*innen ansammelten. Als sich schließlich drei Polizeiketten aufstellten, welche den Anstrom auf der Rampe und in den Tunneln verhindern sollte, wurden durch die Gäste ‚überrannt', woraufhin es sich gegen 16.30 Uhr so erheblich auf der Rampe gestaut hat, dass sich alle Besucher*innen nicht mehr vor- oder zurückbewegen konnten (vgl. SpiegelTV Magazin 2011 b: 7.02m in-8.15m in). Ab diesem Zeitpunkt schien es für die Menschen hoffnungslos, dieser Masse zu entkommen (vgl. Spiegel TV Magazin 2011 b: 8.20m in-8.25m in), weshalb SpiegelTV Magazin in der Dokumentation die Lage folgend beschrieb: „In der eingequetschten Masse herrscht Todesangst" (2011 b: 8.55m in-8.58m in). Eine Treppe, welche auf der Rampe als einziger vermeintlicher Ausweg schien, wird als Fluchtweg der Besucher*innen gesehen. Doch vor ihr lagen gegen 17 Uhr die ersten Toten Menschen, da sie zu Boden gedrückt und eingequetscht waren (vgl. Spiegel TV Magazin 2011 c: 0:35m in-0.45m in). Auch der Kontakt per Funk funktionierte für die Einsatzkräfte nicht, weshalb eine Warnung seitens des Personals nicht möglich gewesen wäre (vgl. SpiegelTV Magazin 2011 b: 3.18m in-3.36m in). Ab diesem Zeitpunkt nahm die Katastrophe ihren Lauf und hörte erst am späten Abend auf, als rund 1.800 Einsatzkräfte es schafften, alle Menschen von der Fläche zu befreien. Während dieser Zeit lief das Festival auf dem eigentlichen Gelände, auf dem alles nach dem Plan des Konzepts lief, normal weiter, um eine weitere Massenpanik der Gäste auf dem Güterbahnhof zu vermeiden (vgl. SpiegelTV Magazin 2011 c: 10.45m in-10.55m in).

4.1. Grobkonzept der Veranstaltung

Das Grobkonzept der Veranstaltung vom 16. März 2010 enthält den planmäßigen Ablauf, wie auch die Konzeption der Gelände-Herrichtung und des Zugangs.

Im Konzept steht geschrieben, der Güterbahnhof Duisburgs sei der einzig mögliche Austragungsort der Loveparade. Laut Zeitplan soll die Floatparade um 14 Uhr starten und gegen 21 Uhr während der Abschlusskundgebung enden. Die Floatparade stellt sich zusammen aus 40 Floats (Paradewagen mit DJs), welche sich auf dem Gelände in einem Rundkurs bewegen. Im Anschluss bei der Abschlusskundgebung von ungefähr 17 Uhr bis 24 Uhr beziehungsweise Ende finden die Konzerte auf den Bühnen vor den Güterbahnhofshallen statt (vgl. Lopavent GmbH 2010 a: 1). Von Bedeutung ist die Konzeption des Zugangs zum Gelände, bei welcher es heißt, der Zugang vom Hauptbahnhof zum Veranstaltungsgelände wird direkt gesperrt, um ein Aufkommen größerer Menschenmassen zu vermeiden. Daher wird der auf dem obigen Bild gezeigte Weg, welcher später die Katastrophe verursacht hat. Auf dem Gelände des Güterbahnhofs müssen weiterhin Veränderungen vorgenommen werden, um mehr Platz zu schaffen. So werden beispielweise Gebäude abgerissen, welche nicht mehr in Gebrauch sind. Um die Verletzungsgefahr der Gäste zu verringern, werden Unebenheiten im Boden begradigt (vgl. Lopavent 2010 a: 3). Laut Konzept „ist mit einer gestaffelten Publikumsanreise zu rechnen" (Lopavent 2010 a: 4), da viele Besucher*innen erst am Nachmittag erscheinen. Zudem wird auch die Dynamik auf dem Gelände aufgrund der sich bewegenden Floats beachtet. In diesem Grobkonzept ist die Sicherheit noch nicht erarbeitet, Hauptaugenmerke für das zugehörige Konzept sind allerdings die Absicherung der A59 (Richtung Westen) oder die Bereitstellung ausreichender Flucht- und Rettungswege (insbesondere in Richtung Westen zur A59) (vgl. Lopavent 2010 a: 4). In der weiteren Konzeption werden die Themen des Backstage- oder VIP- und Presse-Bereichs behandelt, wie auch die Logistikmaßnahmen, die ausreichende Sanitäts- und Rettungsdienst, die Wegleitführung und Beschilderung beinhalten (vgl. Lopavent 2010 b: 5).

4.2. Sicherheitskonzept der Veranstaltung

Signifikant für diese Arbeit ist aber das Sicherheitskonzept der Veranstaltung vom 20. Mai 2010, woraus nun die wichtigen Teile komprimiert aufgeführt werden. Schon mit dem ersten Blick in das Sicherheitskonzept, fällt das am Anfang befindliche Zitat auf: „Die Sicherheit der Besucher [...] hat oberste Priorität" (Lopavent 2010 b: 1). Dadurch sehen die Beteiligten präventive Maßnahmen zum Verhindern von Schäden vor. Sollte jedoch dennoch ein Schaden auftreten, sind direkte Hilfsmaßnahmen und Schadensbegrenzung zu leisten (vgl. Lopavent 2010 b: 1). Auch der hohen Anzahl an Gästen ist sich das Team zu dem Zeitpunkt bewusst, weshalb es heißt, dass die große Menge an Menschen gefährlich ist. Allerdings ist der „Veranstaltungsort [...] in weiten Teilen gefahrenarm" (Lopavent 2010 b: 2). Die Beteiligten gehen nicht von mehr als 250.000 Menschen gleichzeitig aus, die sich gleichzeitig auf dem Gelände befinden werden. Jedoch können laut Konzept die Engstellen auf der Veranstaltungsstrecke an bestimmten Zeitpunkten (zum Beispiel zu Beginn um 14 Uhr) kritisch und gefährlich werden (vgl. Lopavent 2010 b: 2). Diese Gefahr kann vor allem an den Tunnel-Zugängen der Karl-Lehr-Straße entstehen. Sollte dies eintreten, werden ‚Späh-Ordner*innen' eingesetzt, die in kritischen Situationen per Funk Kontakt mit der Zentrale der Loveparade aufnehmen. Der Kontakt soll geschehen, indem alle „Ordnergruppen [...] von uns mit Bündelfunk ausgestattet [werden], so dass im Notfall unverzüglich Verstärkung und Hilfe angefordert werden kann" (Lopavent 2010 b: 4). Ebenfalls sieht die Konzeption die Besucherlenkung für die Sicherheit als ein zentrales Element an, welches folglich durch die ‚Pusher' geschehen soll. Da die Beteiligten von Staus an den einzelnen Floats ausgehen (vgl. Lopavent 2010 b: 5), werden diese voraussichtlich dort am meisten im Einsatz sein. Als letzten wichtigen Punkt führt das Team die beidseitige Sperrung der A59 auf, um für die Sicherheit der Besucher*innen zu sorgen. Des Weiteren soll hier entlang der Autobahn ein Schutzzaun errichtet werden, welcher an der kompletten Grenzlänge entlangführt, damit kein Gast auf die Autobahn gelangen kann (vgl. Lopavent 2010 b: 9).

Alle genannten Punkte aus dem Sicherheitskonzept tragen zum Scheitern der Loveparade bei, was in dem Folgenden Kapitel beschrieben wird.

5. Das Scheitern der Loveparade

Das Scheitern der Loveparade lag erheblichen Planabweichungen zugrunde, welche durch Planungsfehler (beispielsweise nicht berücksichtigen eines Risikos) oder Ausführungsfehler entstehen können (vgl. Schumann o.J.: 25) und bei diesem Projekt auch einen Grund für die Abweichungen darstellen. Kose und Weißenrieder schreiben, „Projekte scheitern an den Menschen und nicht an den Instrumenten oder Methoden" (2007: 57), was durch die oben genannten Fakten enorm an Bedeutung gewinnt. So kann gesagt werden, dass Misserfolge am Verhalten oder an der Einstellung der Beteiligten zu erklären sind (vgl. Dobslaw 2017: 152). Weitere Gründe, welche auch in vorliegenden Projekt zu erkennen sind, sind die falsche Planung des Projekts der Leitung, eine falsche Organisation, verbrene oder nicht

23

wahrgenommene Kontrolle während der Durchführung, unzureichendes Risikomanagement und eine zu geringe Kommunikation des Teams während der Realisierung des Projekts (vgl. Dobslaw 2017: 29). Somit können negative Abweichungen auf die Planung zurückgeführt werden (vgl. Motzel/Möller 2007: 20). Anhand dieser Abweichungen entstand eine Krise, welche als „eine Eskalation von Problemen innerhalb eines Projekts [verstanden werden kann], deren Lösung unter den gegebenen Rahmenbedingungen unmöglich ist oder als unmöglich erscheint" (Neubauer 2010: 6). Bei Krisen kann das Ziel nicht eingehalten werden, welches in diesem Fall eine erfolgreiche Durchführung der Veranstaltung war. Die Krise lag einer dispotiven Unmöglichkeit zugrunde, dass unter den gegebenen Rahmenbedingungen keine Lösung gefunden werden konnte (vgl. Neubauer 2010: 11f).

Um herauszufinden, wie genau es nun zu diesem Unglück kommen konnte, werden sich vorerst die Grundlagen des Projektmanagements erneut angeschaut, um Abweichungen oder Fehler zu analysieren. Angefangen bei den Projektzielen kann als wohl oberstes Ziel die Sicherheit aller Gäste genannt werden, welches im Sicherheitskonzept der Loveparade Priorität fand. Doch schon dieses Ziel wurde am Stärksten verfehlt. Da im weiteren Konzept keine genauen Ziele genannt wurden, bis auf, dass eine erfolgreiche Durchführung des Festivals als Selbstverständlichkeit galt, kann anhand der Zieldefinition keine Ursache für das Scheitern erkannt werden. Bei der Projektstruktur allerdings spiegelt sich die mangelnde Organisation wider. Wichtige Tätigkeiten, wie das Anbringen von Lautsprechern für Polizeidurchsagen an den Tunneln, wurden entweder in der Struktur oder bei der Durchführung vergessen, obwohl sie laut Spiegel TV Magazin geplant waren (vgl. 2011 c: 1.58m in-2.16m in). Auch das Vergessen der Beantragung der Bevorrechtigung für die Funkgeräte der Einsatzkräfte (vgl. Spiegel TV Magazin 2011 a: 3.20m in-3.47m in) lässt die unzureichende Zusammenstellung des Projektstrukturplans erkennen. Das Fehlen bestimmter Erfolgsfaktoren wie die mangelnde Kommunikation, eine gute Methodik oder eine verlässliche Organisation ist ebenfalls ersichtlich. Wichtige Kriterien, die zu einem erfolgreichen Abschluss eines Projekts beitragen, sind bei Bearbeitung der Analyse von der Loveparade nicht zu sehen. Somit hätte zum einen die Projektmanagementfunktion professioneller sein können, jedoch auch die Zusammenarbeit mit Expert*innen wie dem Brandschutzexperten, der ausdrücklich vor der Gefahrenstelle gewarnt hat. Des Weiteren war die maximale Konzentration auf das Projekt als Erfolgsfaktor aufgrund der vielen kleinen Fehler nicht vorhanden, aber auch die mangelnde Zusammenarbeit zwischen der

Polizei und den Sicherheitskräften kann als Ursache genannt werden (vgl. Spiegel TV Magazin 2011 a: 6.36m in-6.57m in). Zuletzt wurden mögliche Risiken nicht beachtet. Bereits im Sicherheitskonzept wurde von Engstellen auf der Strecke zum Güterbahnhof berichtet (vgl. Lopavent 2010 b: 2), besondere Vorkehrungen wurde letztendlich jedoch nicht getroffen. Auch der Autor Voßschmidt schreibt, dass Risiken nicht wahrgenommen wurden. Die ‚worst-case-szenario' Idee ist sozial so unerwünscht, dass die Vorstellung des Eintretens von Abweichungen komplett unterdrückt wird. Der Autor geht von einem ‚Tunnelblick' oder einem ‚schwarzen Schwan' aus, welche für die Verdrängung von Wahrnehmungen verantwortlich ist. Der Tunnelblick sorgt für eine Verengung des Sehfeldes. Ein schwarzer Schwan hingegen erkennt keine Risikowahrnehmung oder gar Risikokommunikation, da die Möglichkeit einer Katastrophe komplett verdrängt wurde. Dieser schwarze Schwan steht letztendlich in der Verbindung mit der Möglichkeit, dass die passierte Situation nicht eintreffen wird. Es wird der Redewendung „Alle Schwäne sind weiß" gefolgt, bei welcher abweichende Zustände nicht existieren (vgl. 2016: 102f). Aus diesen Beobachtungen stellt Voßschmidt die These auf, ob zu viel Wissen zum Verdrängen unbekannter Risiken und zu schlechteren Ergebnissen führen könne (vgl. 2016: 110). Die Veranstalter und Mitarbeiter*innen waren sich somit eventuell über Gefahren bewusst, haben diese jedoch komplett verdrängt, da sie für sie so schlimm und unwahrscheinlich erschienen. Die Folge dieses Unterdrückens war eine Handlungskette falscher Entscheidungen, was das Konzept der Sicherheit betraf.

Das Sicherheitskonzept wies erhebliche Lücken auf. Trotz des Wissens über die Gefahr der vielen Menschen und der enge des Tunnels, wurden die Besucher*innen dennoch durch diesen hindurchgeführt. Auch die Möglichkeit des einzigen Ein- und Ausgangs auf gleichem Wege war, wie der Brandschutzexperte sagte, ungenügend und zu gefährlich. Ebenso trug das Fehlen von Pushern und Späher*innen erheblich zu dem Aufkommen des Staus bei, da sie die Menge nicht ordneten oder unter Kontrolle bekamen. Gefördert wurde dies durch die fehlende und nicht mögliche Kommunikation, welche allerdings im Sicherheitskonzept noch ausführlich thematisiert wurde. Im Tunnel war eine Verständigung per Funk für die Einsatzkräfte nicht möglich, für die restlichen Angestellten nur beschränkt (vgl. Spiegeln TV Magazin 2011 b: 3.18m in-3.36m in). Aus diesem Grund konnten auch die vorgenommenen direkten Hilfemaßnahmen oder Schadenbegrenzungen nicht durchgeführt werden, da der Krisenstab noch bis ungefähr 17.15 Uhr von einer gelungenen und friedlichen Veranstaltung sprach (vgl. Spiegel TV Magazin 2011 c: 8.27m in), wobei bereits um 17.02 Uhr der erste Tote gemeldet wurde (vgl. Spiegel TV Magazin 2011 c: 0.35m in-0.45m in). Ein weiterer Mangel im Sicherheitskonzept ist die Meinung, an den Floats könnte Stau entstehen, mögliche Stauungen auf der Strecke zum Gelände oder in der Stadt wurden jedoch nicht beachtet. Auch die Schutzzäune, welche um die gesamte Grenzlänge gezogen und somit die Wege innen verengt und nach außen abgesperrt haben, trugen wesentlich zum Ausbruch der Panik bei. Den Gästen war es nicht möglich, der Menge zu entkommen, da die Schutzzäune ihnen keinen Ausweg boten.

Doch auch die Polizei trifft laut Spiegel TV Magazin Schuld, da diese sich ebenfalls Fehler geleistet habe (vgl. 2011 a: 0.44m in-0.52m in). In der Dokumentation heißt es beispielweise, „um 13.49 Uhr stimmte der Polizeiführer zu, einem möglichst großen Anzahl von Menschen auf das Gelände zu lassen" (2011 a: 7.35m in), woraufhin sich die Situation am betroffenen Ort noch weiter verschlimmerte. Der wohl fatalste Fehler war jedoch die Angabe von Besucherzahlen, die nicht stimmte, die angeblich aber auch nicht stimmen sollte (vgl. Spiegel TV Magazin 2011 a: 0.39m in-0.43m in). Letztendlich waren bei der Loveparade 1,4 Millionen Menschen direkt vor Ort, obwohl nur 500.000 Besucher*innen angemeldet waren. 250.000 Gäste waren lediglich für das Gelände zugelassen, der Rest sollte sich auf die Stadt verteilen (vgl. Zeit online 2010). Anhand dieser Zahlen lässt sich die Katastrophe wohl verstehen. Eine legitime Begründung stellt sie jedoch keinesfalls dar.

6. Handlungsempfehlung

Doch was hätte in der Planung, als auch in der Ausführung besser durchdacht und umgesetzt werden können? Wie aufgeführt, führten viele Dinge zu dem Unglück bei der Loveparade 2010.

Bereits im Plan sind einige Lücken und Fehler zu erkennen. Die Ausführung ist schließlich Folge dieser schlechten Planung. Vor allem die Fälschung der Zahlen war so gravierend, dass ein Umgehen mit der tatsächlichen Anzahl an Gästen unmöglich war. So fingen schon hier die Fehler an, sodass ein wahrheitsgetreues Benennen der erwarteten Besucherzahlen eine Katastrophe hätte verhindern können, da die Einsatzkräfte auf solch eine Menschenmenge vorbereitet gewesen wäre. Daher ist zu empfehlen, dass – auch wenn anders Kosten und Mühen gespart werden könnten – bei solch großen Veranstaltungen die erwarteten Zahlen der Besucher*innen genannt werden, die wahrheitsgetreu sind, damit alle Mitarbeiter*innen des Projekts, die Gäste und vor allem auch die Einsatzkräfte einschätzen können, was sie erwartet. Doch auch Kommunikation und Abstimmungen aller Einsatzkräfte benötigen einen reibungslosen, miteinander abgestimmten Ablauf. So ist beispielweise dafür Sorge zu tragen, dass -wie oben gesehen- die Polizei und Sicherheitskräfte der gleichen Meinung bezüglich aller Handlungen sind und nicht gegeneinander agieren, damit die Sicherheit der Gäste weiterhin oberste Priorität behält.

Ein weiterhin wenig und zu riskant durchdachter Punkt in der Planung war die Zuführung der Besucher*innen zu dem alten Bahnhofsgelände. Bei solch einem Festival sollte Acht auf ausreichend Platz und Fluchtwege gelegt werde, was bei der Loveparade nicht zutraf. Ergo wäre es sinnvoller gewesen, jeweils einen separaten Eingang und Ausgang zu planen, damit sich die kommenden und gehenden Gäste nicht begegnen und so keine Konfrontation zustande kommen kann. Auch das Aufeinandertreffen beider Besucherströme aus dem Osten und Westen der jeweiligen Tunnel kann als kritischer Punkt gesehen werden. So hätte es mehr Sinn ergeben, sich die Menschen nicht von beiden Seiten treffen zu lassen, sondern ebenfalls über getrennte Wege zum Festival zu führen, damit kein Stau auf der Rampe hätte entstehen können. Doch schon der Plan, die Besucher*innen durch solch enge Tunnel gehen zu lassen, war, wie der Brandschutzexperte sagte, sehr gefährlich. Diese waren zu eng und aufgrund der Decke und einer damit entstehenden Einengung kann sich schneller Angst ausbreiten. Auch die Zäune, welche die Strecken abgesperrt haben, haben die Gäste ebenfalls eingeengt. Aus diesen Gründen hätten Tunnel, wie auch beengende Schutzzäune bereits in der Planung als kritisch angesehen und umgangen werden müssen. Zwar dienen solche Schutzzäune größtenteils der Sicherheit der Gäste, doch unter Umständen können sie auch gefährlich werden. So hat ein Beobachtender beispielweise sehen können, wie die Polizei Menschen in Angst nicht aus der Menge herauslassen wollten, obwohl sie lediglich den Zaun hätten aufschieben müssen. Auch ein möglicher Ausweg über den angrenzenden Sternbuschweg wurde von den Polizisten nicht gesehen und der Zaun deshalb nicht aufgeschoben (vgl. Gietmann 2010: 1), denn „[h]ätte man um 15 Uhr diese Sperre aufgehoben, wären die Menschenströme zum Sternbuschweg abgeflossen" (Gietmann 2010: 2). Anhand dieser Aussage ist zu erkennen, dass sich die Polizei entweder keiner gravierenden Gefahr bewusst war oder die eventuellen negativen Folgen der Krise wie beim schon vorig vorgestellten Konzept des schwarzen Schwans ignoriert und ausgeblendet haben. Der dritte und vorerst letzte mangelhafte Punkt in der Planung war die Ankündigung von Bündelfunk und Lautsprechern an der Rampe, was beides nicht um gesetzt wurde/werden konnte. Dadurch, dass keine Bevorrechtigung für Funk und Handy für die Einsatzkräfte geschaltet wurde, konnten sich diese während der gesamten Veranstaltung kaum oder teils gar nicht verständigen. Aus diesem Grund lässt sich erkennen, wie wichtig eine funktionierende Kommunikation ist, welche in der heutigen Zeit stark von Vorkehrungen wie solchen Bevorrechtigungen abhängt. Vor allem mittlerweile, acht Jahre nach der Katastrophe kann es zu noch gravierenderen Schwierigkeiten kommen, da mehr Netz von Besucher*innen eines Festivals in Anspruch genommen wird. Doch auch die notwendigen Lautsprecher für Polizeidurchsagen an der Rampe haben bei der Veranstaltung, trotz Vorhersage, gefehlt. Auch eine mögliche Durchsage von der Polizei hätte ein stärkeres Ausbrechen der Angst senken können, weshalb folglich bei großen Festivals auf diese geachtet werden muss.

Eine letzte Handlungsempfehlung von Voßschmidt könnte ebenfalls mögliche Krisen verhindern. Der Autor schreibt, dass die Nutzung der sozialen Medien für eine bessere Krisendokumentation verwendet werden solle. Auf sozialen Plattformen ist eine Echtzeit-Kommunikation, wie auch ein Echtzeit-Feedback der Benutzer*innen möglich. Dies könnte einer Entscheidungsunterstützung in Katastrophenlagen dienen und ein richtiges Situationsbewusstsein vermitteln. So sind ‚Echtzeitanalysen' für ‚Echtzeitlagerechtsbewertungen' wirksam, welche zu einer besseren Rechtssicherheit und Handlungskompetenz führen können (vgl. 2016: 110). Dem entsprechend hätte ein vorheriges Mitteilen beispielweise des Sicherheitskonzeptes für Aufsehen und auch Verbesserungsvorschlägen gesorgt. Auch während einer Katastrophe wie 2010 kann in Echtzeit über soziale Medien berichtet werden, damit mögliche Entscheidungs- und Handlungsvorschläge erbracht werden können. Ob dieses jedoch so sinnvoll erscheint, damit keine Angst auch außerhalb der Veranstaltung zum Beispiel seitens möglicher Angehöriger entsteht, ist fraglich.

Anhand dieses Kapitels ist nun zu sehen, was hätte verhindert werden können. Aufgrund der Komplexität von Handlungen konnten hier jedoch nur die aufgeführt werden, die am gravierendsten zu dem Unglück beigetragen haben.

7. Fazit

Wie diese Arbeit nun aufgezeigt hat, trugen viele Faktoren zum Scheitern der Loveparade 2010 bei. Viele Punkte, die ein Projekt zu einem erfolgreichen Abschluss bringen können, wurden bei der Durchführung und der Planung nicht berücksichtigt, weshalb an den Grundlagen dargestellt werden konnte, dass eine unzureichende und unsichere Planung das Projekt zum Scheitern bringen kann. Die Leiter*innen des Festivals haben sich ungenügend an einer organisierten Struktur eines Projekts bedient, wodurch sie bei der Durchführung auf so viele unerwartete Krisen gestoßen sind. Gründe hierfür können der Tunnelblick, der schwarze Schwan oder auch schlicht die Kosteneinsparungen sein. Festzuhalten ist folglich, dass das Unglück hätte verhindert werden können, wenn das Projektteam professionell und risikobewusst gearbeitet und gehandelt hätte. Viele kleine Fehler, welche bereits in der Planung auftraten, wurden in der Praxis zum Verhängnis und brachten die Katastrophe mit einem unorganisierten Verhalten vor Ort in Lauf. Somit ist zu sagen, dass sowohl die Planung der Mitarbeiter*innen, wie auch die Ausführung des Projekts, was beides aufeinander aufbaute, Fehler enthielten, die hätten umgangen werden können. In der Projektstruktur, der Beachtung der Erfolgsfaktoren und im Risikomanagement konnten Mängel entdeckt werden, die letztendlich bei der Durchführung zum Vorschein kamen und durch falsche Entscheidungen seitens der Einsatzkräfte, wie das weitere Einlassen von Gästen trotz ‚Überfüllung', verstärkt wurden. Als die Katastrophe allerdings bereits passiert ist, konnte nicht anders gehandelt werden, als die Einsatzkräfte es versucht haben. Jegliche Handlungsfehler führten zu dem Unglück und konnten später nicht wieder ausgeglichen werden. Doch soweit hätte es verständlicherweise gar nicht kommen dürfen, wenn das Team sich den Risiken und Lücken ihres Konzeptes bewusst gewesen wäre oder diese nicht ignoriert hätte.

Zu hoffen ist nun, dass alle Veranstalter*innen von Großveranstaltungen aus dem Konzept der Loveparade lernen konnten und in der Praxis, wie auch in der Theorie, durchdachter in der Planung und Ausführung handeln. Hierzu ist es wichtig, vor allem auf mögliche Sicherheitslücken zu achten und auf Expert*innen zu hören, welche bereits Warnungen vor dem Konzept kundgeben. Ebenso wichtig ist die unabdingbare, stetige Kommunikation während der Veranstaltung, welche ohne Probleme erfolgen muss, um eventuell auftretende Abweichungen und Gefahren direkt mitteilen zu können. Somit ist hier zu konstatieren, dass ein detaillierter Strukturplan, der mögliche Risiken und Probleme einbeziht von hoher Bedeutung ist, um einen erfolgreichen Abschluss eines Projekts wahrscheinlicher zu machen. Hierbei sind die Dauer, die Art und der Umfang eines Projekts unwichtig. Zudem muss die Projektleitung und ebenso das gesamte Projektteam gut qualifiziert und vor allem realistisch in der Risikowahrnehmung sein, um ein Projekt möglichst wahrscheinlich zu einem erfolgreichen Abschluss zu bringen.

8. Literatur- und Quellenverzeichnis

Alam, Alam / Gühl, Uwe F. *Projektmanagement für die Praxis. Ein Leitfaden und Werkzeugkasten für erfolgreiche Projekte.* Berlin Heidelberg: Springer-Verlag, 2016.
Ärzte-Zeitung. „Loveparade: Katastrophe, die nicht endet", Nr. 144 (2015): 10.
Dobslaw, Gudrun. „Projektmanagement in sozialen Organisationen". University og Applied Sciences, 2017.
Froschauer, Uwe. *Projektmanagement mal anders. Humorvoll und leicht verständlich. Handlungsfelder des Managements.* Hamburg: Diplomica Verlag GmbH, 2015.
Führer, Andreas/ Züger, Rita-Maria. *Projektmanagement für Führungskräfte. Management Modul.* 4. Aufl. Zürich: Compendio Bildungsmedien AG, 2013.
Gietmann, Willi. „Loveparade 2010". Duisburg, 2010. https://file.wikileaks.org/file/loveparade2010/loveparade-2010-anlage-42-anwohnerbericht-27-07-10.pdf. Zuletzt geprüft am 17.6.2018.
HAZ. „Loveparade-Katastrophe hätte verhindert werden können". Hannoversche Allgemeine Zeitung, 2013. http://www.haz.de/Nachrichten/Panorama/Uebersicht/Loveparade-Katastrophe-haette-verhindert-werden-koennen. Zuletzt geprüft am 17.6.2018.

Koreimann, Dieter S. *Projektmanagement. Technik. Methodik. Soziale Kompetenz (Hrsg: Ekkehard Crisand)*. Bd. 38. Arbeitshefte Führungspsychologie. Heidelberg: I.H. Sauer Verlag GmbH, 2002.
Kosel, Mirijan/Weißenrieder, Jürgen. *Projekte sicher managen. Mit sozialer Kompetenz die Ziele erreichen*. Weinheim: WILEY-VCH Verlag GmbH & Co. KGaA, 2007.
Litke, Hans-Dieter et al. *Projektmanagement*. 3. Aufl. Haufe Verlag, 2015.
Lopavent GmbH a. „Grobkonzept Loveparade 2010 Duisburg". Essen, 2010. https://file.wikileaks.org/file/loveparade2010/loveparade-2010-anlage-22-grobkonzept-lopavent-15-03-10.pdf. Zuletzt geprüft am 17.6.2018.
Lovepent GmbH b. „Veranstaltungskonzept-Sicherheit". Essen, 2010. https://file.wikileaks.org/file/loveparade2010/loveparade-2010-anlage-11-interner-entwurf-sicherheitskonzept-20-05-10.pdf. Zuletzt geprüft am 17.6.2018.
Meyer, Helga/Reher, Heinz-Josef. *Projektmanagement. Von der Definition über die Projektplanung zum erfolgreichen Abschluss*. Wiesbaden: Springer Fachmedien, 2016.
Motzel, Erhard/Möller, Thor. *Projektmanagement Lexikon*. 3. Aufl. Weinheim: WILEY-VCH Verlag GmbH & Co. KGaA, 2017.
Neubauer, Michael. *Krisenmanagement in Projekten. Handeln, wenn Probleme eskalieren*. 3. Aufl. Berlin Heidelberg: Springer-Verlag, 2010.
Olfert, Klaus. *Projektmanagement*. 7. Aufl. Kompakt-Training. Praktische Betriebswirtschaft. NWB Verlag GmbH & Co. KG, 2010.
Ortner, Gerhard. *Projektmanagement-Outsourcing. Chancen und Grenzen erkennen*. Berlin Heidelberg: Springer-Verlag, 2015.
Peipe, Sabine. *Crashkurs Projektmanagement*. 3. Aufl. Freiburg: Rudolf Haufe Verlag, 2007.
Peipe, Sabine *Crashkurs Projektmanagement*. 6. Aufl. Freiburg: Haufe-Lexware GmbH & Co. KG, 2015.
Peters, Katharina. *Leitfaden Projektmanagement für Mitarbeiter der Georg August Universität Göttingen. Organisationsmodelle, -Strukturen, -Instrumente und Phasen des Projektmanagements*. Georg-August-Universität Göttingen: Stiftung Öffentlichen Rechts, o.J.
projektmanagement-definitionen. „Abweichungen", o.J. http://projektmanagement-definitionen.de/glossar/abweichungen/. Zuletzt geprüft am 17.6.2018.
Schumann, Elena. „Einführung in das Projektmanagement", o.J.
SpiegelTV Magazin a. *Ermittlungsakte Love Parade (1/4): Chronik einer Katastrophe*. Doku, 2011. https://www.youtube.com/watch?v=Opd0rZVsspQ. Zuletzt geprüft am 17.6.2018.
SpiegelTV Magazin b. *Ermittlungsakte Love Parade (2/4) Die amtlich genehmigte Katastrophe*. Doku, 2011. https://www.youtube.com/watch?annotation_id=annotation_4440&feature=iv&src_vid=Opd0rZVsspQ&v=DTbJ_vbT8Cw. Zuletzt geprüft am 17.6.2018.
SpiegelTV Magazin c. *Ermittlungsakte Love Parade (3/4): Tod im Tunnel*. Doku, 2011. https://www.youtube.com/watch?annotation_id=annotation_935342&feature=iv&src_vid=DTbJ_vbT8Cw&v=S9ILNAv0J1A. Zuletzt geprüft am 17.6.2018.
SpiegelTV Magazin d. *Ermittlungsakte Love Parade (4/4): Trauma Duisburg*. Doku, 2011. https://www.youtube.com/watch?annotation_id=annotation_272461&feature=iv&src_vid=S9ILNAv0J1A&v=FHD8aqsCr9U. Zuletzt geprüft am 17.6.2018.
Versteegen, Gerhard. *Prozessübergreifendes Projektmanagement. Grundlagen erfolgreicher Projekte*. Berlin Heidelberg: Springer-Verlag, 2005.
Voßschmidt, Stefan. „24. Juli 2010 – Tunnelblick und Schwarzer Schwan: Die Duisburger Love-Parade". In *Jäger, Thomas et al. (Hrsg): Politisches Krisenmanagement. Wissen, Wahrnehmung, Kommunikation*, 99–113. Wiesbaden: Springer Fachmedien, 2016.

Zeit online. „Loveparade-Unglück. Duisburger Sicherheitskonzept war m angelhaft".
Zeit online, 2010. https://www.zeit.de/gesellschaft/zeitgeschehen/2010-07/loveparade-duisburg-sicherheitskonzept. Zuletzt geprüft am 17.6.2018.

BEI GRIN MACHT SICH IHR
WISSEN BEZAHLT

- Wir veröffentlichen Ihre Hausarbeit, Bachelor- und Masterarbeit

- Ihr eigenes eBook und Buch - weltweit in allen wichtigen Shops

- Verdienen Sie an jedem Verkauf

Jetzt bei www.GRIN.com hochladen und kostenlos publizieren